AF260314

LES PENSÉES

D'UN

PAYSAN

PAR

Auguste RENAULT

TOURS

IMPRIMERIE E. ARRAULT ET Cie

6, RUE DE LA PRÉFECTURE, 6

—

1898

Reproduction interdite.

LES PENSÉES

D'UN

PAYSAN

PAR

Auguste RENAULT

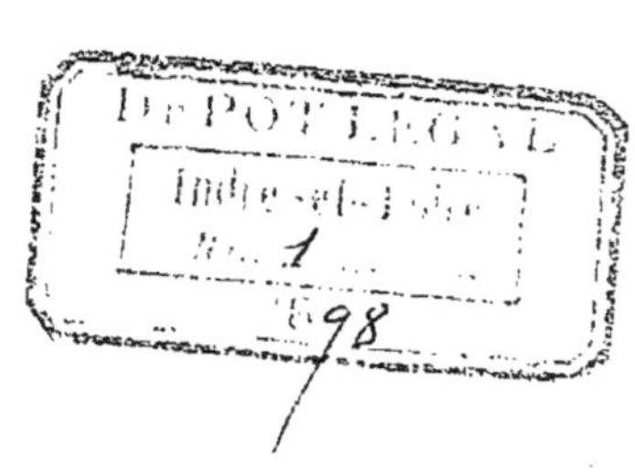

TOURS

IMPRIMERIE E. ARRAULT ET Cie

6, RUE DE LA PRÉFECTURE, 6

—

1898

Reproduction interdite.

LES PENSÉES D'UN PAYSAN

Historique des abus commis par nos gouvernants. — Le cléricalisme en France depuis cinquante ans. — Historique de la formation de notre globe terrestre et de la création de tous ses habitants.

Les travailleurs des champs, travailleurs des villes, ont un intérêt commun méconnu de tout temps. Nous vous devons une grande reconnaissance, Messieurs les travailleurs des villes, pour nous avoir devancé dans la voie du progrès, pour avoir compris les premiers que nous étions tous dupes de plusieurs grandes sociétés et qu'à la mine il était temps d'opposer la contre-mine. C'est pourquoi vous avez fondé diverses sociétés pour vous être à tous utiles.

Espérons, Messieurs, que votre exemple sera imité des travailleurs des champs et que, dans un avenir prochain, toutes ces petites sociétés réunies feront comme les petits ruisseaux font les grandes rivières.

Par la force, vous n'ignorez pas que l'agriculture et la viticulture sont les principales mines d'or et d'argent de la France ; c'est pourquoi nous devons tous, d'un commun accord, demander à notre gouvernement qu'il protège ces deux branches d'industrie qui sont la source de toutes les autres et sans lesquelles tout commerce et toute industrie seraient anéantis. L'agriculture manque de travailleurs, beaucoup la quittent faute de capitaux et d'installation. Au lieu d'envoyer nos travailleurs chercher la mort sur les terres étrangères pour y fonder des colonies et faire concurrence à notre agriculture française, je crois qu'il vaudrait mieux que notre gouvernement se rende acquéreur de diverses parcelles de propriétés et les alloue, en rentes amortissables, à des travailleurs français. Cette mesure sage ferait le bien-être des travailleurs des champs et de ceux des villes. Avec nos centaines de millions et nos milliards dépensés depuis cinquante ans à faire la guerre pour l'honneur et la fortune de tous ces messieurs en habits galonnés, nous aurions aujourd'hui plusieurs millions de prolétaires qui seraient propriétaires, et notre sol, mieux cultivé, serait devenu plus fertile. C'est alors que nous pourrions vendre nos produits bon marché pour satisfaire le consommateur et vaincre la concurrence étrangère.

A considérer l'historique de la France, vous pouvez croire que, depuis de longs siècles, les peuples furent gouvernés par des imbéciles. Ce serait un tort de penser ainsi, car il a fallu à nos ex-gouvernants une ruse de renard et un cœur de tigre pour faire croire aux peuples que le bien-être doit leur venir du malheur des autres, en faisant tuer les plus bêtes pour faire vivre les plus rusés. C'est la raison pour laquelle les employés cirés et payés par les peuples pour les abrutir et les laisser perpétuellement dans l'ignorance, en établissant une religion, ont dû également établir une armée dont les employés toujours payés par ces mêmes peuples devaient les faire mourir sur les champs de bataille. Voici l'explication succincte de cette simple phrase : la ruse du renard et le cœur du tigre.

Ceci est loin de faire trouver à nos grands hommes, à tous nos fiers gentilshommes qui furent si bien élevés dès leur berceau par les jésuites, si nous ignorons qu'ils ne servirent jamais que leurs intérêts. Nous pourrions leur dire : ce n'était pas la peine d'avoir été aux grandes écoles pour être restés si bêtes, pour n'avoir pas su comprendre que les guerres n'ont pas raison d'être, et la preuve est que le seul moyen où il est impossible de rendre justice à qui de droit est de faire tuer les hommes les uns par les autres. Dans le duel, quel qu'il soit, ne voit-on pas souvent succomber l'innocent sous la main du coupable ?

Les guerres n'ont point de raison d'être, et, d'ailleurs, elles nous viennent des temps barbares les plus éloignés ; nous ne devons plus marcher dans cette voie. L'arbitrage doit succéder à l'arbitraire en même temps que la lumière succède aux ténèbres. C'est pourquoi nous devons rendre hommage à nos législateurs qui ont établi en France les lois scolaires et militaires.

Ceux qui ont travaillé à cette belle œuvre ont mérité, de la part des peuples, la plus belle apothéose et acquis une gloire immortelle qui restera gravée dans la mémoire de nos générations futures. Celui qui convoite la mort de son semblable n'a que du venin dans les veines, car, s'il avait un peu de sang, d'honneur, la rougeur lui monterait au front.

L'homme, qui s'enorgueillit d'appartenir à la seule race honorable, qui a reçu de la nature les plus beaux dons : parole, raison, sagesse, comprend mieux pourquoi son semblable lui devient plus intime et plus ami. Il maudit le mauvais, surpassant en férocité les animaux vivant au sein des bois qui, entre naturels, se reconnaissent et se ménagent.

Nous n'avons pas plus besoin d'armée coloniale que de Sénat, et, si la France devait être représentée par deux Chambres, il en faudrait une composée de femmes. Les femmes doivent voter pour les femmes comme les hommes pour les hommes. La femme, instruite au même degré, a tout autant d'intelligence que l'homme, et elle a plus d'humanité.

Elle ne consentirait pas que le fils qu'elle a fait naître et qu'elle a vu grandir par ses soins allât présenter sa poitrine devant la bouche d'un canon pour faire décorer nos officiers généraux et pour être forcée dans la suite de servir une pension honorifique à ceux qui lui ont fait tuer son enfant.

Si nos officiers généraux ne sont pas toujours les auteurs des guerres, ils en sont souvent les inspirateurs ; pour les autres hommes, ils ne montrent que le revers de la médaille.

Un de nos généraux français disait, dans une allocution qu'il prononça sur la tombe des victimes de 1870 : « Pour qu'un pays vive longtemps, il faut que ses enfants sachent mourir pour lui .» Nous devons considérer ces paroles comme venant de la part d'un traître ou d'un ignorant, et mon avis est qu'un pays vivra longtemps autant qu'il saura faire vivre ses enfants.

Gambetta, lui-même, qui, cependant, nous devons le reconnaître, avait travaillé pour nos libertés, voulut un jour travailler pour lui. Il se posa en dictateur et fit comme son infâme prédécesseur ; il se perdit lui-même et souda plus de mailles à notre chaîne qu'il n'en rompit jamais. Dans ces derniers temps, la France fut le théâtre de nombreux crimes. Cet infâme dénaturé qui, lâchement, assassina notre honorable Président à Lyon, avait commis un grand crime, et la justice ne put lui faire subir la peine qu'il avait méritée.

A mon point de vue, ceux qui, en 1870, au Parlement français, déclarèrent la guerre sans motif se rendirent plus criminels que lui, car ils savaient ce qu'ils faisaient et n'avaient l'esprit nullement surexcité. Ils savaient qu'ils allaient faire mourir des centaines de mille hommes, leurs semblables, mais ils agissaient dans leur propre intérêt, car il y a toujours des intéressés. Ce jour-là, nous étions plus de 700.000 désintéressés contre une poignée. A ceux-là nous aurions dû dire : « Vous êtes des traîtres, des lâches ; vous blessez la conscience humaine ; vous violez les lois de la nature en faisant mourir vos semblables avant l'âge fixé par la nature elle-même. »

Nous n'étions pas réunis pour parler ainsi ; nos représentants devaient parler pour nous. Cependant, si je me rappelle bien, il y en eut quelques-uns qui eurent le courage de leurs opinions, mais malheureusement ils n'étaient pas assez nombreux ; à ceux-là, s'il en reste, nous devons conserver toutes nos sympathies.

Nous aurons de la peine à faire disparaître tous ces abus ; cependant, étant bien armés comme nous le sommes du suffrage universel, quand il en viendra, de cette race de vipère, se représenter à nos suffrages, nous devrons tous leur crier : « On ne passe pas !!! Gare !!! Gardez vos châteaux, vos ordonnances, votre or, votre argent que vos ancêtres usurpèrent. Ne venez pas usurper nos libertés ! Rendez-nous les palmes de notre mère, vous n'êtes pas dignes de les porter... »

Maintenant, Messieurs, si vous voulez bien me prêter votre attention, nous voyagerons ensemble en esprit dans les profondeurs infinies des vues de la Lumière, et c'est là, Messieurs, que je vous appelle à me juger.

A ce sujet, je vous rappellerai un entretien que j'eus un jour avec un Monsieur Curé qui m'entretenait des vérités que nous enseigne la religion chrétienne. A la fin de son récit, je dis : Monsieur le curé, vous voudrez bien m'excuser de la dureté de mon expression, mais je crois devoir vous dire que vous et vos confrères, vous n'êtes que des menteurs. — Et comment cela ? objecta mon interlocuteur blessé ; qui vous l'a dit ? — C'est vous-même qui m'obligez à vous traiter ainsi, lui répondis-je. Vous venez de me raconter tout ce que contient l'Histoire Sainte comme choses réelles ; il n'y a pas un mot de vérité. Je ne vous demande que quelques minutes pour vous en fournir la preuve sur tous les points. Veuillez m'écouter.

M. le curé m'envoya un sourire ironique en signe de défi et je commençai.

Vous dites : « Il y a un Dieu. » Votre Dieu, à vous, le Dieu des chrétiens qui créa le ciel et la terre en six jours. Ceci vous est facile à dire, mais vous n'apportez aucune preuve à l'appui de votre thèse.

Moi, je vous réponds que la science astronomique vous prouvera que le ciel n'est qu'une apparence d'un astre à un autre ; il n'y a qu'un complet vide au-dessus de nous, et, puisqu'il n'y a pas de ciel, il s'ensuit qu'il n'y a pas besoin de créateur pour ne rien créer. Ensuite, vous dites que dans ce ciel il y a un paradis dont vous me promettez les plus belles espérances ; mais, puisqu'il n'y a pas de ciel, il n'y a pas non plus de paradis, ou il est ailleurs ! !

Vous nous faites croire que, pour élever nos âmes vers ce grand panorama, pour y vivre heureux toute une éternité, nous avons indispensablement besoin de vos prières, que vous nous vendez fort cher. Comme je viens de vous prouver qu'il n'y a ni ciel ni paradis, vous conviendrez vous-même, Monsieur le curé, que l'argent que nous pouvons vous donner à ce sujet est en pure perte, puisque vous ne nous donnez rien en échange. Voici, il me semble, plusieurs preuves convaincantes.

Je passe à la formation de notre globe terrestre et à la création de ses habitants.

Dans une région des vides de l'Univers qui nous est inconnue, un astre enflammé ou plutôt solide ayant fait irruption, une partie s'étant détachée, lancée comme un bolide, fut abandonnée à elle-même dans les profondeurs des vides jusqu'à ce qu'elle fît la rencontre d'un astre nébuleux nommé : une comète. L'ayant attirée par ses formes, elle en pétrifia ses matières fluidées et enflamma des matières fermes. Ce fut là le commencement de notre globe terrestre qui, pour accomplir sa formation, dut voyager dans les passes infinies des vides de l'Univers pendant plus de 500.000.000 d'années. Et vous, Monsieur le curé, vous nous dites que votre Dieu créa ce globe dans un jour ?

Ah ! vous êtes un franc menteur ! ! !

Après avoir accompli sa formation, il s'adonna à passer trop près d'un astre plus d'un million de fois plus puissant que lui, qui l'étreignit à son passage, l'obligea à tourner journellement sur lui-même et annuellement autour de lui. C'était le soleil qui avait été rendu dominateur.

Le globe terrestre ne trouvant plus de ces matières glaciales pour son accroissement et pour le refroidissement de sa fournaise centrale, celle-ci dut bientôt faire explosion et faire éclater le globe terrestre comme une bombe. Des parties furent soulevées en montagnes, qui de leurs flancs laissèrent sortir le feu par des bouches volcaniques.

D'autre part, le feu baissa par suite de l'éboulement qui se produisit à l'intérieur, ce qui fit l'inégalité du sol : de là l'origine des vallons et des montagnes. Toute cette grande nébulition qui entourait ces matières fumantes fut changée subitement en eaux qui commencèrent à couler dans tous les bas-fonds, formant ainsi les ruisseaux, rivières, fleuves, puis les mers.

Pendant que ce globe était en formation, entre cette nébulition vaporeuse et la matière que la chaleur pétrifiait par la combinaison de l'une et de l'autre, il se forma des êtres inanimés. On pourrait dire de là que l'éponge vit en mer adhérente au rocher.

Après ce grand changement, ces êtres, du reste,

sur des sables encore chauds et humides, se trou-
vèrent à tour de rôle exposés à l'action solaire
de toutes ces laves qui en fit naître des êtres
vivants, de toutes grosseurs et de toutes natures,
parmi lesquels se trouva l'homme ainsi que la
femme, qui durent être créés volontairement et
journellement par 100.000.000 de millions, sur
tous nos continents.

Tous ces êtres nouvellement nés durent se
nourrir, pendant plus d'un demi-siècle, du lait de
leur mère qui, coulant en forme de champignon,
était d'une saveur plus douce que celui de nos
jours, étant donné que la chaleur du sol s'est sen-
siblement altérée depuis ce temps.

Ils durent vivre ainsi jusqu'à ce que le sol eût
produit des arbres et des plantes qui devaient
leur fournir une autre nourriture pour plusieurs
milliers d'années, jusqu'à ce que l'homme eût pu
faire la découverte du feu, du bronze et du fer, qui
permirent à son intelligence de commencer l'a-
mélioration culturale de tous ces minéraux et
végétaux que l'industrie a si merveilleusement
développés.

Et vous, M. le curé, vous nous dites que votre
Dieu commença par former un seul homme, dont
il fit sortir une femme, et que ces deux êtres
durent peupler nos continents en quelques siècles.
J'ai pitié des faiblesses de vos talents ; je n'en suis
point jaloux, car votre science n'a de valeur que
par notre ignorance. Pour y croire, il a fallu que
vous nous rendiez plus bêtes que les bêtes que

nous conduisons paître aux champs. Mais ce n'est pas la plus belle page de votre histoire : c'est ce fils de Dieu fait homme que vous nommez Jésus-Christ. Je ne puis croire à ce Jésus-là, car votre roman n'est composé que d'imagination mensongère ; le Jésus-n'a pu être qu'un homme et non notre créateur, ainsi que le témoigne la démonstration que je viens de faire ; peut-être n'a-t-il été qu'un bâtard, quoique je ne fasse pas plus mépris des bâtards que des autres.

Vous venez de nous dire vous-même que la sainte Vierge avait renoncé à tout commerce avec son époux, donc c'était un autre qui avait opéré pour lui, et voilà le modèle des suites de la fabrication du roman : tels ceux que vous fabriquez encore à la fin du xixe siècle, en France, avec cet air maudit qui fait le bonheur des grands et le malheur des petits. Mais vous, Messieurs les curés, qui vous dites être les ministres d'un Dieu juste et miséricordieux, comment se fait-il que vous cherchiez à tromper vos semblables ?

Avec votre semblant d'humanité, de tout temps vous faites d'affreux criminels. Vous conspirâtes pour l'avancement de la France par les Romains ; vous fîtes couler des fleuves de sang par vos guerres de religion et les croisades ; vous ne reculâtes pas contre l'audacieux crime de la Saint-Barthélemy ; de complicité avec les Anglais vous fîtes brûler l'innocente Jeanne d'Arc ; d'accord avec les royalistes vous fîtes la guerre de la Vendée en promettant à ces pauvres Vendéens que, s'ils mouraient en combattant pour le Roy, vous les feriez ressusciter. Et vous ne pouvez pas ressuciter vous-mêmes, sans violer vos serments, puisqu'il n'est d'autres résurrections pour nous tous que celles qui s'opèrent par nos légitimes descendants.

Quand vous venez nous dire, à nous paysans, travailleurs des champs : « Mes chers frères !!! Ne vous intéressez pas aux biens de la terre : préférez toujours les biens du ciel, » si nous écoutions vos conseils, vous nous feriez lâcher la proie pour l'ombre. Je trouve dans l'évangile selon votre grand saint Luc, ces mots écrits en toutes lettres : « Heureux les pauvres d'esprit, car le royaume des cieux est à eux! »

Je ne vois point à quoi nous servira notre ignorance si ce n'est pour être trompés par vous et afin que vos nobles complices s'emparent de nos droits et de nos libertés. Mais vous allez plus loin quand il s'agit de nous accrocher, soutirer nos pauvres sous ; vous nous faites croire qu'en nous prosternant devant vos saintes reliques, qui n'ont pas l'ombre de vertu, vous pouvez nous soulager des maux corporels dont nous souffrons.

Savez-vous qu'il y a là un très grand préjudice, en nous détournant de consulter la science médicale ; il peut arriver de fameux résultats ; mais que vous importe, pourvu que votre sac s'arrondisse et que votre besace s'emplisse en nous chantant un *De Profundis !* Cependant nous n'avons pas le droit de vous accuser de voleurs, pas plus que de criminels, puisque tous nos gouvernants qui se sont succédé vous ont toujours glorifiés. Nous avons bien le droit de penser que vous fîtes toujours cause commune, pour vivre de la même brioche. Allez-vous aussi nous faire croire qu'en nous promenant processionnellement autour de nos champs, qu'en invoquant tous vos saints et saintes du paradis, qu'en criant commes des imbéciles *Ora pro nobis*, vous pouvez nous éviter des intempéries ? Je puis vous affirmer, Monsieur le curé, que, tous réunis, vos chefs à votre tête, avec leurs oriflammes, crosses dorées et leurs bonnets pointus, enfin ! avec tous vos beaux oripeaux et uniformes, vous ne nous ferez pas croire que vous êtes plus que des hommes alors que vous n'êtes que de simples mortels commes nous. En vous tous, vous ne pourrez pas détourner la plus petite étincelle du fluide atmosphérique dont tous vos remèdes orviétans sont impuissants, ne produisant pas plus d'effet dans l'atmosphère et sur nos douleurs que des vésicatoires sur une plaque de fer. N'allez pas croire, Messieurs, que je viens ici critiquer, vouloir le mal de quelqu'un. Je souhaite le bien pour tous, par conséquent le mal de personne, pas plus aux prêtres qu'aux autres. Mais je voudrais pouvoir leur dire en ami : changez les préceptes de votre doctrine ; au lieu de nous enseigner sur des apparences des choses plutôt nuisibles qu'utiles, renseignez-nous sur des vérités et des choses utiles ; alors nous vous croirons et nous vous payerons, car tout en voulant bien respecter la liberté de tous les cultes comme la liberté de conscience, le fisc ne doit pas employer nos finances à payer des sociétés plus riches que nous et qui sont hostiles à nos institutions.

Fait à la Bretèche, 30 novembre, 1896.

par Auguste RENAULT.

12411-7. Tours imp. E. Arrault et Cie.

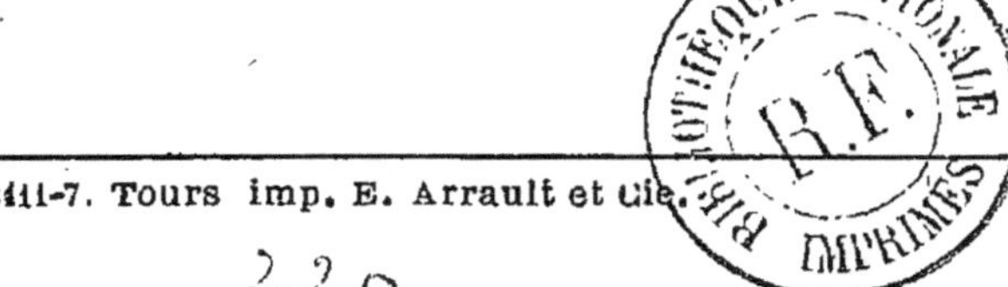

9 782011 775429